1 あきが きたよ

シールを つかおう！

秋の庭の様子です。33ページの冬の庭の様子と比べてみましょう。

☆に あきの はな・むし・たべものの シールを はりましょう。

- ほそい ものの さきに とまるのが すきだよ。
- あきに たべるね。おいしそう！
- あきに さく はなだよ。

ほかに あきを かんじる ものを みつけて, いって みましょう。

日々の生活の中で,秋の訪れに気づかせます。

4 あきは どんな かんじかな？

ただしい ほうを えらんで，シールを はりましょう。

きる ふくは？

はんそでの ふく。　　ながそでの ふくや うわぎ。

すずしく なったね！
「あきだな。」と おもうのは どんな ときかな？

そとの かぜは？

つめたく かんじる。　　あたたかく かんじる。

ひが くれるのは？

はやく なった。　　おそく なった。

ほかにも きが ついたら すごいよ！
おうちの ひとに はなして みよう！

はなせたら，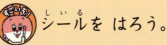シールを はろう。

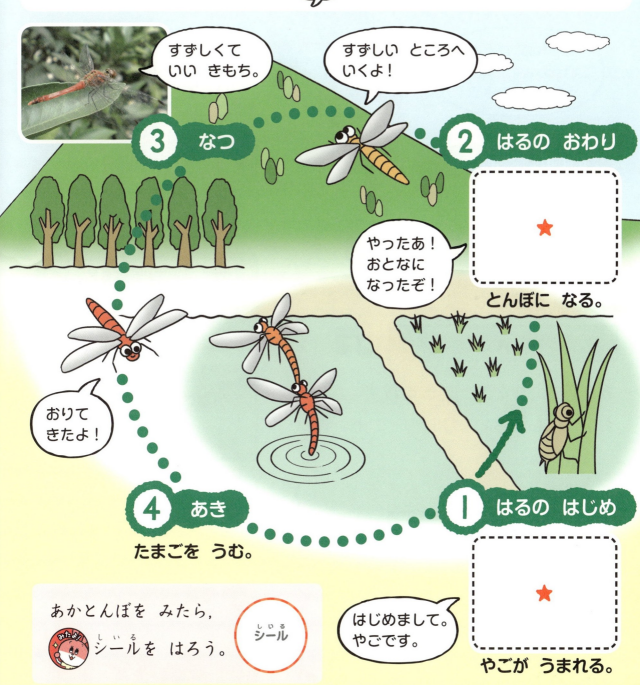

シールを つかおう！

6 あきの むしは どんな なきごえかな？

> 歌を通して，秋に鳴く虫の声を確かめます。コードで実際の虫の声をきくことができます。

[★] に なきごえシールを はって，
「むしの こえ」の うたを かんせいさせましょう。

おうちの ひとと いっしょに うたって みよう！

コードで なきごえが きけるよ！

むしの こえ（唱歌）

あれ **まつむしが** ないて いる
[★] ♪

あれ **すずむしも** なきだした
[★] ♪

あきの よながを なきとおす
ああ おもしろい むしの こえ

キリキリ キリキリ **こおろぎ**や ♪
[★] **くつわむし**

あとから **うまおい** おいついて
チョンチョン チョンチョン スイッチョン
あきの よながを なきとおす
ああ おもしろい むしの こえ ♪

まつむし

すずむし

こおろぎ

くつわむし

うまおい

7 あきの はいくを よんで みよう

はいくを 五・七・五の リズムで こえに だして よみましょう。よめたら, えに いろを ぬりましょう。

まっさおな そらが おもいうかぶね。

きれいな つき, ぼくも ほしいな。

あかとんぼ
つくばに くもも
なかりけり

正岡 子規

めいげつを
とって くれろと
なく こかな

小林 一茶

秋の行楽風景から，間違いを5つ探します。

8 あきの のやまで ちがいを さがそう

2つの えを よく みて，ちがう ところを 5つ さがしてね。みつけたら，○（まる）で かこみましょう。

こちらの えに ○（まる）を つけてね。

9 「けいろうの ひ」に カードを おくろう ①

> シールを つかおう!

9月の第3月曜日は「敬老の日」です。年配の方への感謝の気持ちを伝えます。

- ----- で きりはなして、○に なまえを かきましょう。
- ----- で うちがわに おって、リボンシールで とめましょう。

10 「けいろうの ひ」に カードを おくろう ②

11 おつきみを たのしもう

シールを つかおう！

「十五夜」には，お供え物をしてきれいな月を眺めます。

「じゅうごや」の おそなえを みて みましょう。

じゅうごやの つき

やさい・くだもの
あきに みのった ものを おそなえ するよ。

すすき
つきの かみさまが くる ときの めじるしだよ。

つきみだんご

15この ◯(だんご)を つんで みよう。
えと おなじように，◯(だんご) シールを はろう。

じょうずに はれたら すごいよ！

1だんめ
9こ ならべよう。

2だんめ
その うえに 4こ つもう。

3だんめ
その うえに 2こ つもう。

つみかたを よく みよう！

シール	シール	シール
シール	シール	シール
シール	シール	シール

うえから みた ようす

お月見を通して，月が満ち欠けすることに気づかせます。

12 つきを みて みよう

きょうの つきは，
どんな かたちかな。
□に かきましょう。

　　　がつ　　　にち

いろも ぬろう！

つきは，ひに よって かたちが ちがって みえるよ。

しんげつ → みかづき → はんげつ → まんげつ → はんげつ → → しんげつ

つきは，ふとく なったり，
ほそく なったり するよ。

ことしの じゅうごやは いつかな？
おうちの ひとに きいて みよう。

> チューリップは，秋に球根を植えます。球根から根と芽の出方を予想します。

13 ねと めは どう でて くるかな？

チューリップは，あきに きゅうこんを うえるよ。
ねと めは どのように でて くるか，かんがえて かいて みましょう。

こんな かんじかな？

いやいや，ちがうよ。

かけたら，うらを みてね！

シールを つかおう！

正しい根と芽の出方を確認したら，球根の中がどうなっているのか見てみます。

14 きゅうこんの ようすを みて みよう

ねと めの でかたは わかったかな。
つぎは，きゅうこんの なかが どう なって
いるのか，★に シールを
はって みましょう。

はるが まちどおしいね。

ねは ひげみたいに のびるんだ！

きゅうこんには えいようが たっぷり つまって いるんだって。

新米の季節に関連して、ふだん食べているご飯がどのようにできているのか、さかのぼります。

15 ごはんは どう やって できて いるかな？

ごはんが できるまでを みて みましょう。

それじゃあ、いくよ！

ごはん

わあい！
ふっくら もちもち。
おいしい ごはん♪

ごはんに なる まえは…

まっしろだよ！

白米（はくまい）

ちゃいろだよ！

げん米（まい）

白米に なる まえは…

かたくて パラパラして いるよ。
さわって みよう！ さわったら、シールを はってね！

シール

げん米に なる まえは…

もみ（いねの み）

もみに なる まえは…

いねの ほ（いなほ）

これが ごはんの もと だよ！

かさかさの コートを きて いるよ！

シールを つかおう！

よそい方に注意して，自分や家族のご飯をよそいます。

16 ごはんを よそって みよう

かぞく みんなの ごはんを よそって みよう。
できたら，シールを はりましょう。

はじめに…

ごはんを すこし すくって ちゃわんに いれる。

つぎに…

いれたい りょうに なるように すこしずつ いれる。

できあがり！

ふんわり よそえたかな？

コツ
ぎゅっと おさえつけ ないように しよう！

コツ
2〜3かいに わけると いいよ。

みんなの ぶんを よそえたら，シールを はろう！

シール

ちゃわんを ただしく もって いるかな？

あたたかい ごはん，おいしそう！

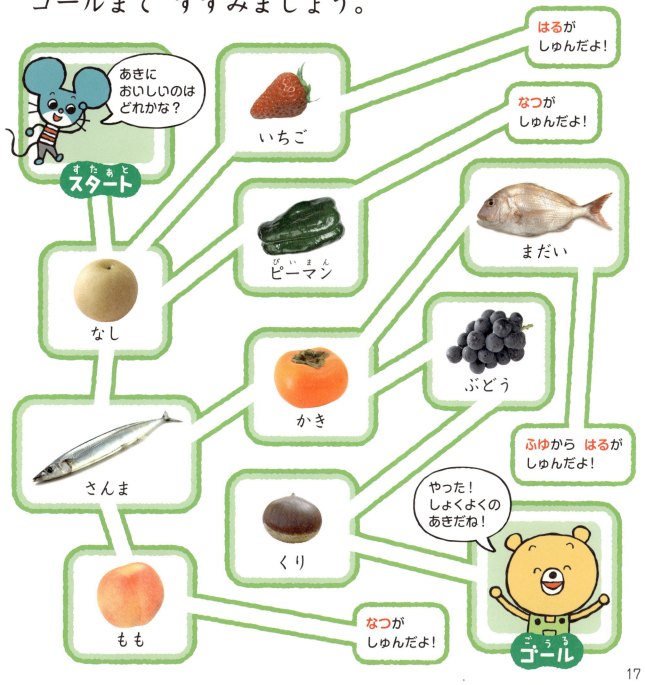

19 くりひろいめいろに ちょうせん

シールを つかおう！

「実りの秋」にちなんだ迷路です。秋が旬の
くりを拾いながら進みます。

「みのりの あき」だね。くりを ひろいながら，スタートから
ゴールまで すすむよ。ぜんぶで いくつ あつめられるかな。

いきどまりの くりを
ひろって もどる
ことは できないよ。

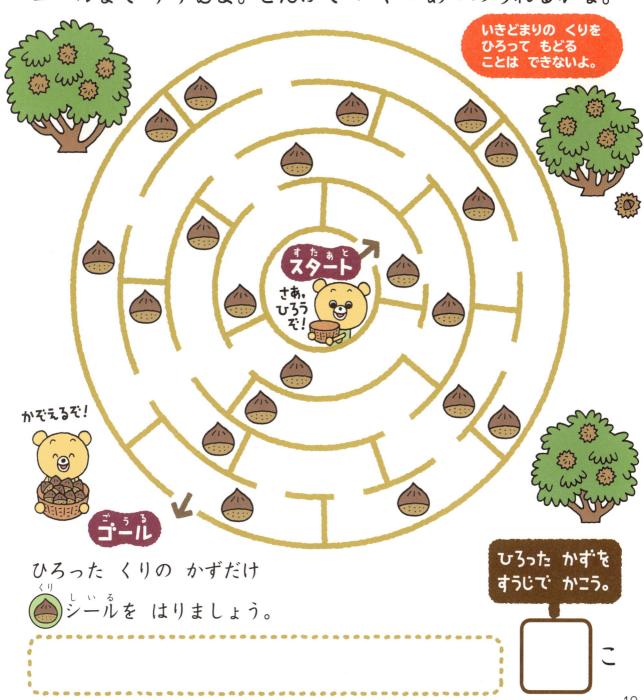

ひろった くりの かずだけ
🌰 シールを はりましょう。

ひろった かずを
すうじで かこう。

☐ こ

20 かけっこの じゅんいを かんがえよう

「スポーツの あき」だね。みんなで かけっこを したよ。したの しゃしんを みて、□に じゅんいを 1から 5の すうじで かきましょう。

シールを つかおう！

季節によって雲の様子は変わります。秋に見られる雲について知ります。

21 あきの くもを みて みよう

[ぶん] を よんで，[★] に 「すじぐも」と 「ひつじぐも」の シールをはりましょう。

22 くもの かたちを かいて みよう

はれた ひに, そらを みあげて, みつけた くもの えを かきましょう。くもの なまえも つけてね。

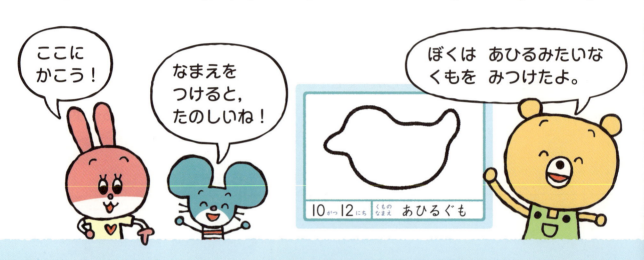

| がつ　　にち | くもの なまえ |

23 おかしな かげは どれかな？

シールを つかおう！

影のでき方について知ります。影の向きや形などに注目させます。

かげの できかたで、おかしな ものが 5つ あるよ。
みつけて、〇で かこみましょう。

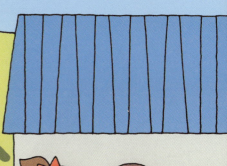
むきや ながさ、かたちを よく みて みよう！

どこが おかしいか、おはなし できたら すごいよ！
おうちの ひとに はなせたら、シールを はろう。

シール

24 かげえで あそぼう

手だけで作れる影絵です。お子さんと一緒に楽しく遊んでみてください。

ての かげで いろいろな どうぶつが つくれるよ。

どう やって つくったのか，●——● で つなぎましょう。

25 てんきの いいつたえを しって いるかな？

シールを つかおう！

天気の言い伝えを通して、天気の変化を意識します。

よんだら、 から すきな シールを えらんで はりましょう。

とんぼが ひくく とぶと **あめ**。

くしが とおりにくいと **あめ**。

すじぐもが みえると **はれ**。

ゆうやけの つぎの ひは **はれ**。

すじぐもって、どんな くも だったかなあ…。
21ページで でて きたね！

ごはんつぶが くっつきやすいと **はれ**。

26 ゆうやけの つぎの ひの てんきは?

「夕焼けの次の日は晴れ」を確かめます。空の様子から，天気が予想できることを知ります。

ゆうやけの つぎの ひは はれると いわれて いるよ。ゆうやけを みた ひと，つぎの ひの てんきを かきましょう。

うわあ！ まっかな ゆうやけだ！

2かい しらべて みよう。

1かいめ	2かいめ
ゆうやけを みた ひ　　がつ　　にち	ゆうやけを みた ひ　　がつ　　にち
つぎの ひの てんき	つぎの ひの てんき

□に，てんきの マークを かこう！

はれ　くもり
あめ　ゆき

土の中にある部分を食べる野菜を根菜といい，さつまいもは太った根を食べます。

27 いもほりを しよう

さつまいもは いくつ とれるかな。めいろを たどり，□に かずを かきましょう。

29 なんの みかな？

秋の代表的な木の実について知ります。

どうぶつの ことばに あう みを ●――● せんで つなぎましょう。

- いがいがに つつまれて いるよ。
- いちょうの きに なるよ。
- あかい みは とりたちの だいこうぶつ！

なんてん

くり

ぎんなん

おしょうがつの かざりにも つかわれるよ！

くりごはん、おいしいね！

ちゃわんむしにも はいって いるよ。

水にぬれると閉じ，乾くと開く松かさの特性を生かした実験に挑戦します。

30 まつぼっくりで じっけんしよう

まつぼっくりを みずに つけると，どう なるかな。
たしかめて，ただしい ほうの ◯を なぞりましょう。

やって みよう ①

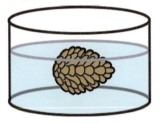
1じかんぐらい みずに つけると，どう なるかな？

どっち だろう？

かさが もっと ひらく。

かさを とじる。

やって みよう ②

とじて いる まつぼっくりを，はれの ひに 4，5にち そとに おいて おくと，どう なるかな？

①と はんたい だね！

かさが ひらく。

めが でる。

あれれ!? ペットボトルの くちより おおきい まつぼっくりが はいって いるよ！
どう やって いれたのかな？

わかったら，おうちの ひとに はなして あげよう！

30

31 きの はは どんな いろに なるかな？

秋になると，木の葉が緑から赤や黄色などに変わるものがあることに気づかせます。

あきに なると，いちょうや さくらの はは，どんな いろに なるかな。いろを ぬりましょう。

線でつなぎながら，紅葉(黄葉)する葉には，どんなものがあるのか見ていきます。

32 おちばを あつめよう

おちばを あつめて とりを つくったよ。
つかった はを ●――● で つなぎましょう。

シールを つかおう！

33 ふゆが きたよ

冬の庭の様子です。1ページの秋の庭の様子と比べてみましょう。

★に ふゆの はな・むし・たべものの シールを はりましょう。

ふゆから はるの はじめに かけて はなを さかせるよ。

ふゆの くだものと いえば，これ！

かまきりの たまごは，さむさに つよいね。

ほかに ふゆを かんじる ものを みつけて，いって みましょう。

シールを つかおう！

冬の代表的な植物や虫を取り上げています。
小学3・4年生の理科につながります。

34 みつけた ふゆを おしえて

みた ことが ある ものに，  シールを はりましょう。

35 ふゆの しぜんを みて みよう

冬になると，気候や動物や植物の様子がどのように変化するか迷路で確かめます。

ただしい ほうを えらんで，ゴールまで すすみましょう。

シールを つかおう！

日々の生活の中で，冬の訪れに気づかせます。

36 ふゆは どんな かんじかな？

ただしい ほうを えらんで，シールを はりましょう。

みに つける ものは？
- シール　てぶくろや マフラー。
- シール　サンダルや むぎわらぼうし。

いえの なかで つかうのは？
- シール　だんぼうや こたつ。
- シール　れいぼうや せんぷうき。

さむく なったね！「ふゆだな。」と おもうのは どんな ときかな？

そとに でた とき，はく いきは？
- シール　くろく みえる ように なった。
- シール　しろく みえる ように なった。

ほかにも きが ついたら すごいよ！おうちの ひとに はなして みよう！

はなせたら，シールを はろう。

37 ふゆが しゅんの たべものを たどろう

スーパーマーケットなどで一年中見られるものもありますが、冬が旬のものを意識させます。

スタートから ゴールまで、だいこん → ほうれんそう → みかん → はくさい → ごぼう の じゅんに すすみましょう。こえに だしながら、たどってね。

ふゆが しゅんの たべものだけを とおるんだね！

おなじ ところは 2ど とおれないよ。

シールを つかおう！

38 おもちを たべよう

簡単にできるお餅料理です。お子さんといろいろ工夫してみても楽しいでしょう。

おもちりょうりを つくって みよう。つくれたら，や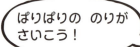シールを はりましょう。

「ぱりぱりの のりが さいこう！」

「あまくて おいしいよ！」

いそべもち

1.  おもちを やく。
2.  しょうゆを つける。
3.  のりで まく。

できあがり！

シール

きなこもち

1.  きなこと さとうを まぜる。
2.  おもちを ゆに 3，4ぷん つける。
おもちは たてて おくと いいよ！
3.  きなこざとうを まぶす。
ちいさく きると いいよ。

できあがり！

シール

39 ふゆの はいくを よんで みよう

冬の俳句です。様子を思い浮かべながら、声に出して読んでみましょう。

はいくを 3かい こえに だして よみましょう。よめたら、はいくと あう えを ●━━● で つなぎましょう。

はつしぐれ
さるも こみのを
ほしげなり

松尾 芭蕉

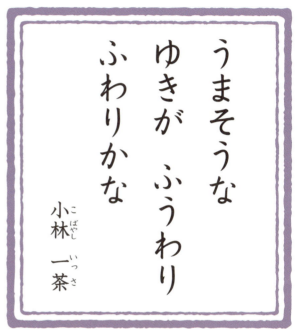

うまそうな
ゆきが ふうわり
ふわりかな

小林 一茶

なんだか おいしそう！

つめたいよう。きる ものが ほしい…。

40 ふゆの ようすで おかしいのは どこかな?

動植物の様子や人の装いにも着目して,冬の様子としておかしいところを探します。

ゆきが つもったね。えの なかから おかしな ところを 5つ みつけて, ◯で かこみましょう。

41 「とうじ」に たべよう

シールを つかおう！

冬至に食べるとよいと言われる「ん」のつく食べ物をたくさん見つけます。

「とうじ」に 「ん」の つく ものを たべると, いい ことが あると いわれて いるよ。たべものの なまえに なるように, ★に もじシールを はりましょう。

「とうじ」は, いちねんの うちで ひるの ながさが いちばん みじかい ひだよ。

★ん★ん

★ん★ん

12がつ 21にちか, 22にちに なる ことが おおいね。

★ん★ん

★ん★ん

★ん★ん

ぽかぽか あたたまって きもちいい♪

「とうじ」には ゆずゆに はいるよ！

なんきん

かぼちゃの ことだよ。

シールを つかおう！

冬の星座の代表，オリオン座の見つけ方を知ります。

42 オリオンざを みつけよう

オリオンざは，ふゆの せいざだよ。みつけたら，シールを はりましょう。

オリオンざの みつけかた

1 みなみの そらを みあげる。

2 1れつに ならぶ 3つの あかるい ほしを さがす。

3 その うえと したに ある 4つの ほしを つなぐ。

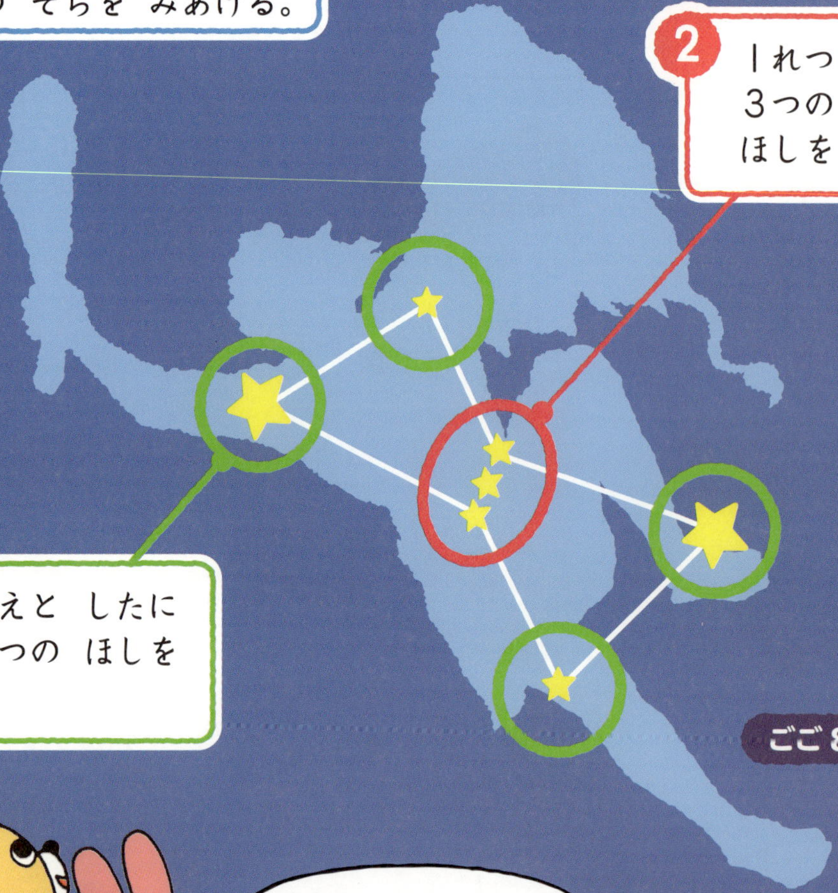

ごご 8 じごろ

ふゆは ほしが きれいに みえるね！

シール

シールを つかおう！

43 ねんがじょうを おくろう

手作りの年賀状で，新年を祝う気持ちを伝えます。

やさいの きりくちの はんこで，ねんがじょうを つくって みましょう。

つくりかた

1. やさいの きれはしを よういする。
   おうちの ひとに もらおう！

   れんこん　こまつな　ピーマン

2. きりくちに えのぐを ぬって，はがきに おす。

れんこんの はつひので，なかなか いいでしょう？

れんこん
ピーマン

きれいな はなたばが できたよ！

こまつな
ピーマン

ピーマン
かっこいい くるまが かんせい！
れんこん

つくったら，シールを はろう。
シール

シールを つかおう！

一年の始まりを祝う，お正月のいろいろな風習について知ります。

44 おしょうがつを いわおう

おしょうがつを いわう ものが たくさん あるよ。
ことばに あう シールを はりましょう。

45 十二支を いって みよう

シールを つかおう！

十二支の動物たちについて知ります。十二支の絵本を読んであげるのもいいでしょう。

十二支の よびかたを,「ね」から じゅんに いって みましょう。

> ね, うし, とら, う, たつ, み, うま, ひつじ, さる, とり, いぬ, い

★に どうぶつシールを はりましょう。

ことしは なにどしかな？

　　　　　どし

あなたや おうちの ひとは なにどし うまれかな？

初夢は，新年が明けて最初に見る夢です。
昔からの言い伝えを知ります。

46 いい はつゆめが みられるかな？

うすい じを なぞりましょう。なぞれたら，
こえに だして 3かい よんで みましょう。

まくらの したに しくと よいと いわれて いる
ものだよ。やって みましょう。

ページごと きりはなし，こま・すごろく・さいころを きりとろう。

昔から伝わるお正月遊びを一緒に楽しみましょう。

47 すごろくを しよう ①

▲こまを きりとろう。

おしょうがつあそびの すごろくを しましょう。

▼ーーー で きりはなそう。

▼さいころを つくろう。つくりかたは うらに あるよ。

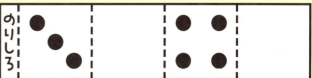

48 すごろくを しよう ②

こまの つくりかた

こまを きりとって，------で おる。

こまを すすめる ときに，
ここを もつと いいよ。

さいころの つくりかた

1. さいころを きりとって，
   ------で おる。
   のりしろに のりを
   ぬり，はる。

2. ぜんぶの めが
   みえるように
   かたほうを さしこむ。

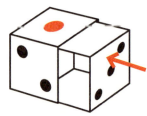 

シールを つかおう!

49 ブンブンごまを つくろう ①

お正月遊びのこま回しに関連して、ブンブンごまを作ります。

まわすと、ブンブン おとが する こまを つくって みよう。まわせたら、シールを はりましょう。

よういする もの ●あつがみ ●はさみ ●のり ●たこいと ●せんまいどおし

1

したの かたがみと あつがみを のりで はりあわせて、かたがみの とおりに きる。

こまに もようを かいても たのしいね。

2
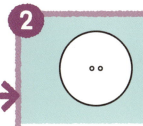
あなを あける。

あぶないので、かならず おうちの ひとに やって もらおう。

3

あなに たこいとを とおして むすぶ。

まわして みよう!

くるくる まわして たこいとが まけたら… たこいとを ひっぱったり ゆるめたり する。

シール

▼きりはなして つかおう。

かたがみ

かたちが ちがうと みえかたは かわるかな? ためして みよう!

50 ブンブンごまを つくろう ②

シールを つかおう！

51 きたの くにから はくちょうが きたよ

越冬のために北からはるばる渡ってくる白鳥に，思いを馳せます。

はくちょうは なんと いって いるかな。 ★ に シールを はりましょう。

枯れ葉に擬態する（姿を似せる）虫，クロコノマチョウです。「これが足だね」などとお話ししてください。

53 かれはに よくにた むしを みつけよう

むしは どこに いるかな。
みつけて，○（まる）で
かこみましょう。

かれはに
そっくりだね！
でも，よく
みると…。

あっ！
かれはから
あしが
でて いるよ！

どこ，どこ？
あっ，みつけた！

シールを つかおう！

動物の冬越しの様子や，寒さをしのぐための工夫について知ります。

54 ふゆの いきものを みて みよう

いきものの ことば

☐ を よんで，★ に いきものシールを はりましょう。

はるには たくさんの あかちゃんが うまれるよ。

かまきりの たまご

はるが まちどおしいね。

ちょうの さなぎ

みんなで あつまって ふゆを すごすよ。

てんとうむし

だんごむし

かたつむり

かえる

はるまで つちの なかで ねむって いるよ。

せみの ようちゅう

そとに でられるのは いつかなあ…。

かぶとむしの ようちゅう

はやく なつが こないかなあ。

55 ふゆの きのめを みて みよう

シールを つかおう！

冬の木の芽の様子や寒さをしのぐ工夫について知ります。

それぞれ なんの めか，せんを たどりましょう。
みた ことが ある めには，シールを はりましょう。

- なんまいも かさねぎを して いるよ！
- ふわふわの コートを きて いるよ！
- はだかで がんばるよ！

もくれん　　あじさい　　さくら（そめいよしの）

56 ふゆを あたたかく すごそう

室内で冬を暖かく，快適に過ごす工夫に目を向けさせます。

おうちで やって いる ものが あれば，◯を なぞりましょう。

- ドアを あけたら，きちんと しめるよ。
- ゆうがたに なると，はやめに カーテンを しめるよ。
- えりや そでの つまった ふくを きて いるよ。
- ウールや フリースなど あたたかい きじの ふくを きて いるよ。
- スリッパを はいて いるよ。
- かさねぎを して いるよ。
- あたたかい ものを のむよ。
- あたたかい しきものを しいて いるよ。

- どう すると，あたたかく すごせるかな？
- だんぼうや こたつを つかう ほかにも いろいろな くふうが できるね！

57 せつぶんに まめを たべよう

節分の風習について知ります。

せつぶんには まめまきを して, としの かずの まめを たべるよ。□に かずを かいて, したの ての なかに たべる かずだけ まめを かきましょう。

おにはそと!
ふくはうち!
おうちの ひとの まめを かくのは たいへんだ!

▼あなたの なまえを かこう。
が たべる まめ □ こ

▼おうちの ひとの なまえを かこう。
が たべる まめ □ こ

58 おにの おめんを つくろう

ティッシュペーパーの空き箱を利用して、節分の鬼の面を作ります。

ティッシュペーパーの あきばこを つかって，おにの おめんを つくって みましょう。

よういするもの
- ティッシュペーパーの あきばこ
- おりがみ
- けいと
- わゴム
- あなあけパンチ
- はさみ
- のり

1
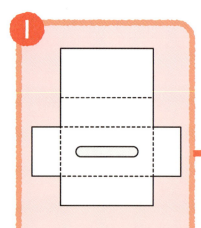
ティッシュペーパーの はこを ずのように きりひらく。

2
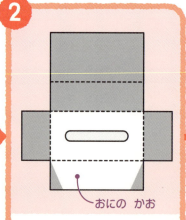
おにの かお

ずの しろい ぶぶんを きりとる。

3
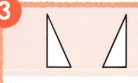
あまった ぶぶんで つのを つくる。

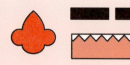
おりがみで はな、まゆげ、くち、きばを つくる。

できあがり！

おにの かおに ❸と けいとの かみのけを はりつける。あなを あけ，わゴムを とおして できあがり！

おめんを つくって，せつぶんに まめまきを しよう！

59 ゆげは どこから でて いるかな？

水が姿を変えた湯気を身の回りから探します。

したの えの なかに, ゆげを かきましょう。

れい

ゆげは, あたたかい ものから でるんだね！

ふうふう ふいたら, ゆげは どうなるかな？

シールを つかおう！

氷に食塩を加えることで，氷の温度が下がることを利用した実験です。

60 こおりで あそぼう

たこいとで こおりを つって みよう。

うまく できると いいね！

よういする もの ・こおり ・しお ・たこいと ・さら

1
ざいりょうを じゅんびする。
たこいとの さきを ほぐして おく。

2
たこいとの さきを みずで ぬらし，こおりの うえに おく。

3
しおを ひとつまみ ふりかける。

できるだけ，こおりから はみださないように ふりかけよう。

4
しばらく してから，こおりを そっと もちあげる。

30ぐらい かぞえてから もちあげよう。

うまく つれたら，シールを はろう。

シール

シールを つかおう！

61 からだを あたためよう

体を動かす遊びは，体を温める効果があります。一緒に楽しくやってみてください。

からだを あたためる あそびを やって みよう。
やった ものに，やったよ！シールを はりましょう。

シールを つかおう！

正しい手の洗い方を知り，風邪やインフルエンザの予防に努めます。

62 じょうずに てを あらえるかな？

そとから かえったら，てを あらおう。
できたら， シールを はりましょう。

「どんぐり ころころ」の メロディに あわせて やって みよう！

コードで やりかたが みられるよ！

みずで ゴシゴシ 10 かぞえ
せっけん つかって ブクブク。

てのひら あわせて
キュッ キュッ キュ。

てのこう かさねて
ギュッ ギュッ ギュ。

ゆびを くんだら
ニーギニギ。

おやゆび にぎって
グリン グリン。

てのひら ねこのて ガーリガリ。
はんたいがわも ガーリガリ。

てくびを にぎって グールグル
はんたいがわも グールグル。

みずで しっかり バーシャバシャ。
これで りょうて ぴっかぴか。

シール

64 ゆきだるまを なおして あげよう

ゆきだるまが とけて しまったよ。どんな ゆきだるまだったのかな。そうぞうしながら、ゆきだるまに シールを はりましょう。

1

絵を見ながら「何をしているのかな？」などと声をかけてみましょう。落ち葉の掃除やあさがおの種採りなど、秋の自然に目が向くでしょう。お子さんの見つけた秋に、おうちの方は共感してあげてください。

★に あきの はな・むし・たべものの シールを はりましょう。

ほかに あきを かんじる ものを みつけて、いって みましょう。

2

地域によって見られる時期が異なるので、このページは実際に見られるようになってからやるとよいですね。お子さんと一緒に家の周りや公園などを歩いて、自分の目や耳で秋を探すよう促してあげましょう。

みたり きいたり した ことが ある ものに、みたよ！や きいたよ！シールを はりましょう。

3

迷路の道が長いので、ていねいにたどるようにしましょう。選ばなかったほうの絵がどの季節にあたるのかも話してみましょう。

ただしい ほうを えらんで、ゴールまで すすみましょう。

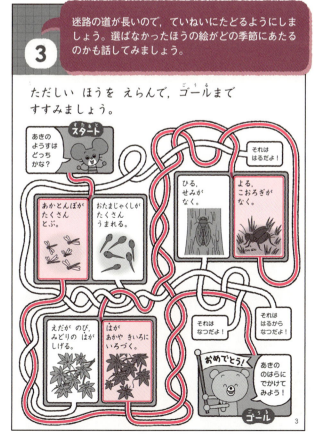

4

秋になるとどうなるか、自分の生活にあてはめて考えさせます。「着る服は？」「外の風は？」と、一つ一つ思い出しながらできるといいですね。他にも体験に基づいて話せたら、ほめてあげましょう。

ただしい ほうを えらんで、🍁シールを はりましょう。

例 「冷房をつけなくなった。」「梨を食べた。」

5 やご（幼虫）や成虫のシールが貼れたら，お子さんに赤とんぼになったつもりでセリフを読むように促しましょう。やごから成虫になり，涼しいところで夏を過ごして降りてくるというイメージをつかませます。

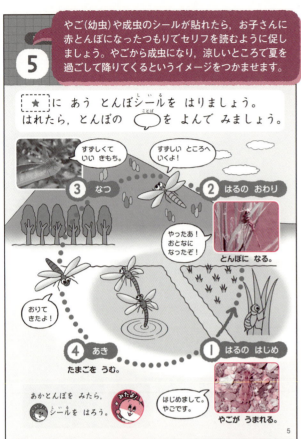

6 鳴き声がきけない地域もあると思います。歌を歌ったり，コードを読み取って鳴き声をきいたりすることで，秋の虫に興味を持つきっかけになるといいですね。

7 俳句の五・七・五の音を指で数えながら，声に出して読んでみましょう。何回か読むうちに覚えてしまうかもしれませんね。

8 「とんぼの向きが違う」「どんぐりが入っている袋がない」というように，「何が」「どのように」違うのかを具体的に言えるといいですね。

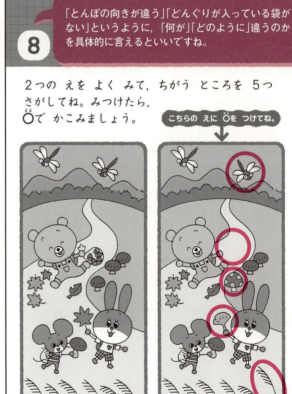

お子さんが自分でカードを作れるように，おうちの方は「ここで切り離すんだね。」などとサポートしてあげてください。自分で作って感謝の気持ちを伝えることができたら，大いにほめてあげましょう。

気持ちを込めて，お子さんが自分で作るということが大事です。

直接渡せる場合は，「いつもありがとう。これからも体に気をつけて，元気でいてね。」など，日ごろの感謝の気持ちやいたわりの言葉を添えて渡せるといいですね。

十五夜の風習や今年の十五夜がいつなのかなど，お子さんにお話ししてあげてください。ドリルでは，シールを貼って15個の月見団子を積む疑似体験をします。

天気のよい日の夜に，月を見るために親子で散歩に出てみましょう。三日月，半月，満月，どの月の形に近いでしょうか。形が変わることを疑問に思ったら，図鑑で調べてみるのもいいですね。

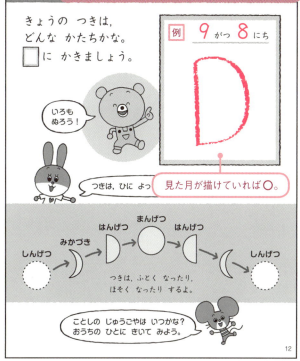

13 根と芽の出方を予想します。予想することが難しいときは，雑草をそっと抜いて根を見せて，考えさせてもいいですね。本物を見る体験が，予想する力を培います。

チューリップは，あきに きゅうこんを うえるよ。
ねと めは どのように でて くるか，かんがえて かいて みましょう。

描いたら14ページで確認します。

14 球根の断面のシールを貼ると，球根の中のほうから芽が伸びているのがわかりますね。球根からまず根が出て，小さな芽で冬を越し，春になるとぐんぐん育ちます。鉢植えでもいいので，実際に育ててみるとよいでしょう。

ねと めの でかたは わかったかな。
つぎは，きゅうこんの なかが どう なって いるのか，★に シールを はって みましょう。

15 お米は日本の主食です。ご飯・白米は日常的に目にしていても，玄米・もみ・稲穂はなかなか見ることができない地域もあるでしょう。田んぼがご飯のふるさとであることを話してあげましょう。

ごはんが できるまでを みて みましょう。

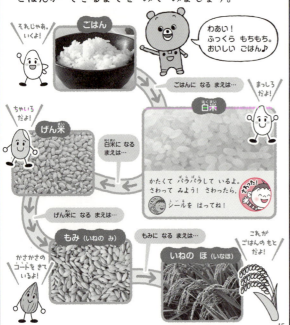

16 小学生になると，給食当番があります。ご飯を中心とする給食も増えています。ご飯をよそう経験を家庭でしておくと，自信を持って給食当番ができますよ。

かぞく みんなの ごはんを よそって みよう。
できたら，シールを はりましょう。

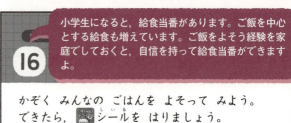

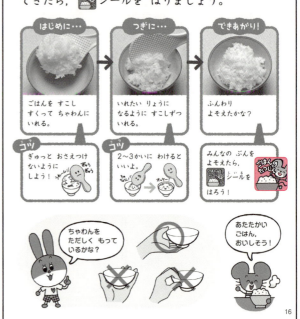

17

秋が旬の食べ物は，他にどんなものがあるでしょうか。一緒に買い物に行って，さつまいもやきのこ類なども秋が旬であることを話してあげてください。

「しゅん」は，いちばん おいしい ときの ことだよ。あきが しゅんの たべものを とおって，ゴールまで すすみましょう。

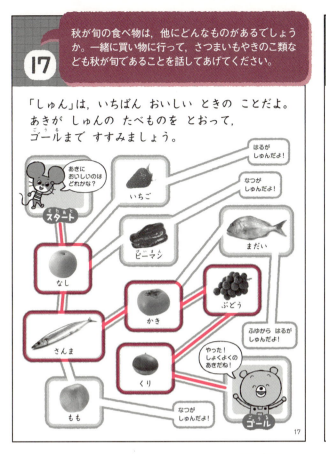

18

きのこの傘の部分にいろいろな模様を描いたり，作ったきのこできのこ狩りごっこをしたりして，親子で一緒に楽しんでください。

おりがみで きのこを おって，あそびましょう。

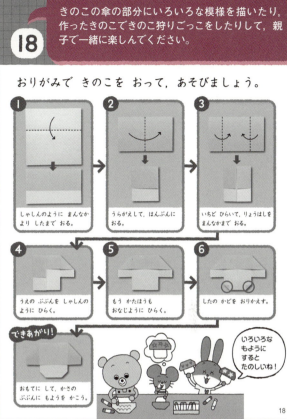

19

まず，通った数だけくりシールを貼ります。次に，その数を数字で書き表します。具体物を使って数えて，それから数字で表すのは，算数の学習の第一歩です。

「みのりの あき」だね。くりを ひろいながら，スタートから ゴールまで すすむよ。ぜんぶで いくつ あつめられるかな。

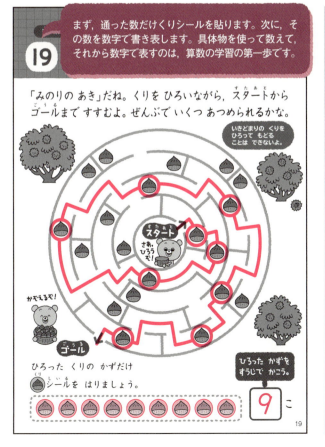

20

どのように考えて順番を決めたのか，きいてみましょう。お子さんの話をていねいに最後まできくことも大事ですね。

「スポーツの あき」だね。みんなで かけっこを したよ。したの しゃしんを みて，□に じゅんいを 1から 5の すうじで かきましょう。

25

天気にはいろいろな言い伝えがあります。お子さんの感想に合わせて、楽しみながらシールを貼りましょう。

26

夕焼けがきれいに見える日があったら、「明日の天気はどうかな？ 本当に晴れるかな？」と関心を持たせましょう。

27

さつまいもの数を数字で書きます。「5」の数字を書くとき、「縦、丸めて、横」などと唱えながら書くと、書き順も覚えられますよ。

28

「やきいも、あっちっち！」「さつまいも、坂道ゴロゴロ！」などと言いながら、転がってみましょう。遊んでいるうちに、さらに楽しい発想がお子さんから出てくるかもしれません。

29

身近に本物があれば，見せてあげましょう。どんぐりやくるみなど，他にも秋の実を探しに，出かけてみてください。南天などの赤い実は冬まで見られ，秋から冬にかけて鳥たちのえさになります。

どうぶつの ことばに あう みを ●――● で つなぎましょう。

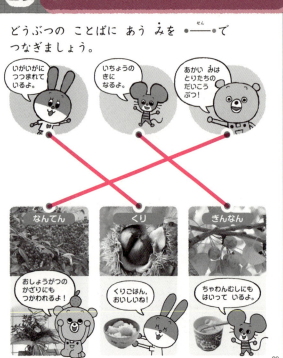

30

松ぼっくりは，雨の日は閉じて，晴れて乾いた日は開くという特性があります。松かさの間にはさまっている種には薄い羽がついていて，風に乗せて種を遠くに飛ばすために，晴れの日にだけ開くのです。

まつぼっくりを みずに つけると，どう なるかな。たしかめて，ただしい ほうの ○ を なぞりましょう。

かさを閉じた状態の松ぼっくりをペットボトルに入れ，その後，松ぼっくりが乾いて，かさが開いたのですね。

31

いちょうや桜の葉は，身近で拾うことができれば，実際に拾ってどんな色になっているかを観察しましょう。桜の葉は1枚1枚みんな色が違うことにも気づくでしょう。

あきに なると，いちょうや さくらの はは，どんな いろに なるかな。いろを ぬりましょう。

32

公園に行くといろいろな葉が紅葉（黄葉）していると思います。落ち葉を拾ってきて，形を作って遊びましょう。

おちばを あつめて とりを つくったよ。つかった はを ●――● で つなぎましょう。

37

冬が旬の5つの食べ物を順に声に出しながら，迷路を進みます。ゴールしたら，「今度は早口で言いながら。」「次は超特急で！」という具合に速さを変えてやってみましょう。

スタートから ゴールまで，だいこん → ほうれんそう → みかん → はくさい → ごぼう の じゅんに すすみましょう。こえに だしながら，たどってね。

ふゆが しゅんの たべものだけを とおるんだね！

おなじ ところは 2ど とおれないよ。

38

焼いたり，湯につけたりするときは，必ずおうちの方と一緒にお願いします。この他，あんこ餅や，大根おろしとからめたおろし餅などもおいしそうですね。

硬さが残っている場合は，お湯とともに耐熱食器に移し，電子レンジで加熱するといいでしょう。

いそべもち
ぱりぱりの のりが さいこう！
1. おもちを やく。
2. しょうゆを つける。
3. のりで まく。
できあがり！

きなこもち
あまくて おいしいよ！
1. きなこと さとうを まぜる。
2. おもちを ゆに 3，4ぷん つける。おもちは たてて おくと いいよ！
3. きなこざとうを まぶす。ちいさく きると いいよ。
できあがり！

39

「ふうわり ふわり」は，雪が降る様子を想像しながら読むように促しましょう。「はつしぐれ」や「こみの」などの言葉の意味を教えてあげてください。

はつしぐれ（初時雨）…その年に初めて降る時雨。
しぐれ（時雨）…秋の終わりから冬のはじめにかけて，ときどき降る小雨。
こみの（小蓑）…小さい蓑。
みの（蓑）…わらで編んだ雨具。

うまそうな ゆきが ふうわり ふわりかな
　　　小林 一茶

はつしぐれ さるも こみのを ほしげなり
　　　松尾 芭蕉

なんだか おいしそう！

つめたいよう。きる ものが ほしい…。
みの

40

「ひまわりが咲くのはいつかな？」「笹に短冊をつるして飾るのは，どんな行事のときかな？」などと尋ねることで，季節を意識した理由が話せるといいですね。男の子と女の子の対照的な装いにも気づくことでしょう。

ゆきが つもったね。えの なかから おかしな ところを 5つ みつけて，○で かこみましょう。

- 蝶が飛んでいる。
- つららがバナナになっている。
- 七夕飾りがある。
- ひまわりが咲いている。
- 夏の服装をしている。

41

寒天や金柑を知らないお子さんもいると思います。知らないものを教えるときには，できるだけ本物を見せられるといいですね。

「とうじ」に「ん」の つく ものを たべると，いい ことが あると いわれて いるよ。たべものの なまえに なるように，★に もじシールを はりましょう。

「とうじ」は，いちねんの うちで ひるの ながさが いちばん みじかい ひだよ。

12がつ 21にちか，22にちに なる ことが おおいね。

れ☆こん　に☆じん

き☆かん　か☆てん　ぎ☆なん

ぽかぽか あたたまって きもちいい♪

「とうじ」には ゆずゆに はいるよ！

なんきん（かぼちゃの ことだよ。）

42

12〜3月の午後8時ごろに外に出て，①→②→③の順に探すとオリオン座を見つけることができます。自分で見つけられたときの喜びが，次の興味を引き出します。

オリオンざは，ふゆの せいざだよ。みつけたら，シールを はりましょう。

オリオンざの みつけかた

① みなみの そらを みあげる。
② 1れつに ならぶ 3つの あかるい ほしを さがす。
③ そのうえと したに ある 4つの ほしを つなぐ。

ごご 8じごろ

ふゆは ほしが きれいに みえるね！

43

野菜の版画でデザインした年賀状を作ります。他の野菜でも試してみるといいでしょう。スタンプ感覚で楽しくやってみましょう。

やさいの きりくちの はんこで，ねんがじょうを つくって みましょう。

44

お正月にちなんだものの名前を知るよい機会です。昔から続いている伝統であることを話してあげましょう。

おしょうがつを いわう ものが たくさん あるよ。ことばに あう シールを はりましょう。

45

十二支のお話の絵本もありますから、この機会に読んであげるとよいでしょう。家族みんなの干支が言えるでしょうか。

十二支の よびかたを、「ね」から じゅんに いって みましょう。

ね、うし、とら、う、たつ、み、うま、ひつじ、さる、とり、いぬ、い

★に どうぶつシール　今年の干支が書けていれば◯。

46

年の初めにすることには「初」がつくことを話し、「初夢」「初日の出」「初詣」などの言葉を通して、新年の始まりを感じさせましょう。

うすい じを なぞりましょう。なぞれたら、こえに だして 3かい よんで みましょう。

まくらの したに しくと よいと いわれて いるものだよ。やって みましょう。

47

お正月にすごろくをしたことがないお子さんも多いようです。簡単で楽しいすごろくです。さいころを組み立てて、ぜひ家族みんなで楽しんでください。

おしょうがつあそびの すごろくを しましょう。

ますの数が少なく、短時間でできるすごろくです。ぜひみんなでやってみてください。

すごろくの中に、羽根つきやたこあげ、こま回しや福笑いなど、昔ながらのお正月遊びが出てきます。「こんな遊びがあるんだよ。」と話し、機会があれば実際にやらせてあげられるといいですね。

最後にさいころの数が余っても、先に着いた人が勝ちと、シンプルなルールで遊ぶとよいでしょう。

49 自分で作る遊び道具です。今の子どもたちにはそのような経験が少ないので、自分で考えて、工夫して遊ぶおもしろさを味わってほしいと思います。

厚紙のかわりに，よく洗って乾かした牛乳パックや段ボールを使ってもいいですね。

まわすと，ブンブン おとが する こまを つくって みよう。まわせたら，シールを はりましょう。

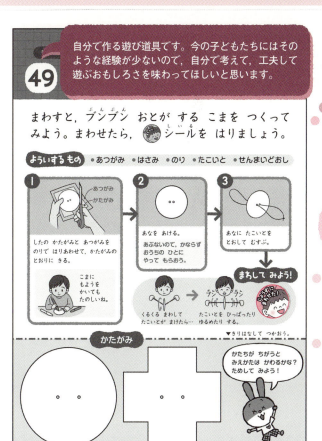

ブンブンごまを回すときは，たこ糸の両端を持って7〜8回程度回転させ，たこ糸をたるませておいて，一気に引っ張ります。たるませ方が足りなかったり，引っ張り方が弱かったりすると，うまく回らないので，何度かやってみましょう。

角ばった形のこまも，回っているときは丸く見えます。模様をかくとさらに回っているときの見え方が楽しいので，ぜひどちらも模様をつけてみてください。

51 白鳥は，シベリアやオホーツク海沿岸から，約2週間かけてはるばる日本へやって来ます。白鳥の飛来地は限られていますが，白鳥になったつもりでセリフをあてはめ，楽しくお話ししてみよう。

はくちょうは なんと いって いるかな。★に シールを はりましょう。

52 白鳥の体操をするときに，51に出てくる白鳥のセリフを言いながら動くといっそう楽しい体操になります。おうちの方も一緒に動いて楽しみましょう！

はくちょうに なった きもちで，たいそうして みよう。できたら，シールを はりましょう。

53

「ここが触角だね。」「ここが羽だね。」などと，一緒に写真を指さしながら確認します。擬態する虫は他にもたくさんいます。お子さんが興味を持ったら，図鑑で一緒に調べてあげるといいですね。

むしは どこに いるかな。
みつけて，○で かこみましょう。

かれはに そっくりだね！でも，よく みると…。

クロコノマチョウ

羽／触角／目／足

あっ！かれはから あしが でて いるよ。

どこ，どこ？あっ，みつけた！

54

どの生き物もじっとしているのがわかります。たまごやさなぎで冬越ししたり，土の中で冬眠したり，集まって寒さをしのいだり，それぞれの生き物の様子について話し合ってみましょう。

いきものの ことば を よんで，★に いきものシールを はりましょう。

はるには たくさんの あかちゃんが うまれるよ。
かまきりの たまご

はるが まちどおしいね。
ちょうの さなぎ

みんなで あつまって ふゆを すごすよ。
てんとうむし

だんごむし　かたつむり

かえる
はるまで つちの なかで ねむって いるよ。

せみの ようちゅう
そとに でられるのは いつかなあ…。

かぶとむしの ようちゅう
はやく なつが こないかなあ。

55

一見枝だけに見える冬の木にも芽がついて，春の訪れを待っています。この機会に探してみましょう。手で触って，ふわふわ，つるつる，がさがさなど，冬の木の芽の姿を感じましょう。

それぞれ なんの めか，せんを たどりましょう。みた ことが ある めには，みたよ！シールを はりましょう。

なんまいも かさねぎを して いるよ！
ふわふわの コートを きて いるよ！
はだかで がんばるよ！

もくれん　あじさい　さくら（そめいよしの）

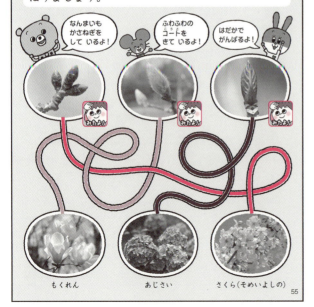

56

子どもは暖かく暮らす工夫をあまり意識していないかもしれません。絵を見ながら，暖房器具を使う以外にも暖かく暮らす知恵があることに気づかせましょう。

おうちで やって いる ものが あれば，○を なぞりましょう。

ゆうがたに なると，はやめに カーテンを しめるよ。

ドアを あけたら，きちんと しめるよ。

えりや そでの つまった ふくを きて いるよ。

ウールや フリースなど あたたかい きじの ふくを きて いるよ。

スリッパを はいて いるよ。

かさねぎを して いるよ。

あたたかい ものを のむよ。

あたたかい しきものを しいて いるよ。

どう すると，あたたかく すごせるかな？

だんぼうや こたつを つかう ほかにも いろいろな くふうが できるね！

57

おうちの方の年齢をきいて、同じ数の豆を描きます。豆を描くことで、数の違いをよりいっそう感じることでしょう。

せつぶんには まめまきを して、としの かずの まめを たべるよ。□に かずを かいて、したの ての なかに たべる かずだけ まめを かきましょう。

58

ティッシュペーパーの箱の窓の部分が、ちょうど目になります。いろいろと工夫して、おもしろい鬼を作ってください。

ティッシュペーパーの あきばこを つかって、おにの おめんを つくって みましょう。

ようい：お面で顔を傷つけないよう、ご注意ください。

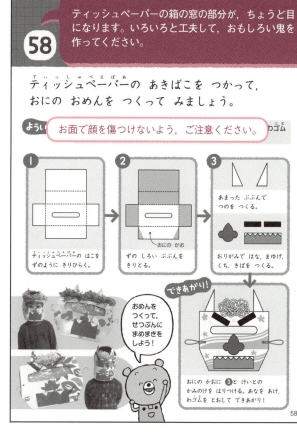

59

湯気に注目します。風呂場や台所には、湯気がいっぱいありますね。「湯気が窓につくと水滴になるよ。」などと話してあげると、発見が広がるでしょう。絵の中のお父さんの眼鏡が曇っていることにも気づいたでしょうか。

したの えの なかに、ゆげを かきましょう。

60

とけた氷の水が食塩で冷やされ、再び凍ることで、たこ糸が氷にくっつきます。くっつくまで少し時間がかかるので、おうちの方が見守りながら、じっくりと取り組ませてあげてください。

たこいとで こおりを つって みよう。

ようい するもの：こおり・しお・たこいと・さら

61

室内でできる体を動かす遊びです。「何人乗れるかな？」では、家族全員が乗れたら新聞紙をさらに半分、もう半分と、折りたたんで挑戦してみてください。新聞紙をどこまで小さくたためるでしょうか。

からだを あたためる あそびを やって みよう。
やった ものに、シールを はりましょう。

62

「どんぐりころころ」のメロディに合わせて、楽しく手洗いができるようにしました。手のひら、手の甲、指の間、指先、手首などが手のどの部分なのかを、はじめに教えておきます。

そとから かえったら、てを あらおう。
できたら、シールを はりましょう。

63

雪に関する言葉を紹介しています。雪の少ない地域もありますが、気象番組やニュースなどできいたときに、話題にしてみましょう。

えに あう ことばシールを ★ に はりましょう。

64

最後は、とけた雪だるまを直してあげる遊びのページです。シールは好きなように楽しく貼りましょう。

ゆきだるまが とけて しまったよ。どんな
ゆきだるまだったのかな。そうぞうしながら、
ゆきだるまに シールを はりましょう。

できたら、シールを はろう！